ÉTUDE SIGILLOGRAPHIQUE

SUR LES

ARCHIVES COMMUNALES

DE TOULOUSE;

Par M. ROSCHACH.

TOULOUSE,
IMPRIMERIE CH. DOULADOURE;
ROUGET FRÈRES ET DELAHAUT, SUCCESSEURS,
ue Saint-Rome, 39.

1865.

Extrait des Mémoires de l'Académie impériale des Sciences, Inscriptions et Belles-Lettres de Toulouse.

ÉTUDE SIGILLOGRAPHIQUE

SUR

LES ARCHIVES COMMUNALES DE TOULOUSE.

En poursuivant, dans les combles de l'Hôtel de ville de Toulouse, le dépouillement des archives communales, j'ai recueilli et dessiné un certain nombre de sceaux qu'il m'a paru intéressant de communiquer à l'Académie.

Je n'essaierai pas d'inspirer la terreur et la pitié en racontant les malheurs de ces frêles monuments, exposés pendant de longues années à tant de causes de destruction ; à la pluie, à la poussière, au soleil, à des dents moins mythologiques, hélas ! que celles du temps, *tempus edax rerum*, quelquefois même aux distractions de graveurs improvisés qui les découpaient en étoiles et en rosaces, et si j'indique en passant cette lamentable histoire, c'est uniquement pour démontrer combien il importe d'assurer par des descriptions et des représentations graphiques la conservation définitive de ces débris.

Rien ne rappelle aujourd'hui, dans l'existence si réduite et si amoindrie de nos municipalités modernes, que des siècles de centralisation ont de plus en plus resserrées dans un réseau de hiérarchie savante, la vie expansive, rayonnante, personnelle des vieilles communes françaises. Au milieu des pouvoirs confus, incertains, souvent hésitants et contradictoires de l'ancien régime, les relations de la commune n'ont pas de limite : elle correspond directement avec les Rois, les Papes, les Gouverneurs, les Cardinaux ; elle envoie des ambassadeurs, signe des traités, donne des lettres patentes. Le pouvoir souverain, qui ne s'est pas encore élevé jusqu'aux sommets de l'indifférence administrative, dissimule ses exigences sous des formes qui flattent l'orgueil local ; et ces traditions de déférence apparente, bientôt démenties par les faits, sont néanmoins si durables qu'en plein dix-septième siècle, après Richelieu et Louvois, le grand Roi communique encore aux Capitouls, par des lettres signées de sa main, les victoires de ses armées.

Dans ces conditions, il est facile de pressentir l'importance des richesses sigillographiques accumulées depuis le XIIIe siècle dans les archives communales.

Tous les souverains français ont leur place dans ce musée, depuis Philippe-le-Hardi. Malheureusement, les titres royaux ayant été, par leur nature et leur autorité, les plus exposés à des manipulations fréquentes, ne nous présentent guère que des exemplaires en mauvais état. D'ailleurs, la série des sceaux royaux a été déjà publiée : aussi ne m'étendrai-je que sur un petit nombre de pièces qui offrent des particularités dignes d'intérêt.

La première est un grand sceau de Philippe-le-Bel, en cire verte, appendu à des lettres patentes de l'année 1303. La figure en a été reproduite dans le *Trésor de numismatique et de glyptique* (*Rois*, p. 7), avec les contours un peu vagues et noyés du procédé Collas, et d'après un exemplaire moins pur. Le nôtre étant, par un caprice de fortune, dans un état de conservation presque parfait, la netteté et la vigueur des reliefs nous ont paru mériter un dessin spécial et une analyse détaillée. (*Fig.* 1, *pl.* I.)

Le grand sceau de Philippe-le-Bel, qui représente, selon une exacte et pittoresque expression, empruntée à la langue du dix-septième siècle, « le Roy siégeant dans sa Majesté, » est d'un travail incorrect et puissant, d'un relief brutalement exagéré, quoique tempéré de finesse, et surtout d'un symbolisme expressif; il y a quelque chose de singulièrement solennel dans cette figure royale qui trône avec une impassibilité byzantine, sans autre attribut que celui de l'autorité suprême, sans emblème religieux ou militaire, solidement assise, avec le sentiment de durée et de persistance qui fait sa force, sur la chaise à têtes de lion, siége des grands justiciers, *sedens inter leones;* tandis que les grands feudataires, enivrés de mouvement, de bruit, de guerres et de tournois, se font représenter sur leurs chevaux de bataille, courant à toute vitesse dans le vide où ils vont se perdre, fouettant l'air de leurs panaches et le fendant de leurs épées, le Roi fleurdelisé demeure immobile au-dessus des luttes, dans une sorte de sérénité souveraine qui ne se laisse ni discuter ni combattre, assuré d'avance que la brillante fantasmagorie féodale trouvera sa fin dans son éclat, et que les clercs, les légistes, les sergents d'armes ont plus d'avenir que les barons.

Tout le costume est empreint de la même énergique simplicité. La couronne n'est qu'un cercle à trois lis; le manteau royal, en étoffe unie, dont les plis retombent jusqu'aux pieds, est agrafé sur l'épaule gauche par une forte fibule de tradition romaine, et n'a pour ornement qu'un orfroi fleurdelisé qui se reproduit sur les manches de la tunique.

Il y a loin de cette image austère et virile de la royauté, telle que l'interprètent les artistes du XIIIe et du XIVe siècle, à cette sorte d'idole grotesque des derniers temps de la monarchie, emmaillotée de parures étranges, où tous les styles et toutes les modes se confondent, chargée de colliers, de décorations, de nœuds, de plumes, de broderies, et aussi gênée dans cette pompe de théâtre que la personnalité royale elle-même dans l'indestructible réseau de l'étiquette des cours.

Il est curieux de suivre à travers les temps, dans le champ si étroit du sceau royal, les transformations de l'autorité souveraine. Quand la monarchie en détresse, tour à tour dépouillée de ses plus riches provinces, semble n'avoir plus aucun secours à espérer de la terre, elle appelle le surnaturel à son aide, et les anges viennent soutenir des tentures au-dessus du diadème compromis. Quand le respect du pouvoir s'exagère et s'égare en une sorte d'apothéose servile, un immense pavillon, chargé de panaches, alourdi de franges, drapé comme un lit de parade, abrite le Monarque divinisé; plus tard encore, lorsque le rêve touche à son terme, l'art perd à la fois le sentiment et l'intelligence de la tradition, et, copiant avec une gaucherie incrédule des emblèmes qu'il ne comprend plus, et qu'il veut concilier avec les exigences du costume moderne, en vient à une sorte de mascarade irrévérencieuse d'où le regard se détourne, et qui fait pressentir la fin.

Je n'ai qu'un mot à dire des sceaux d'Isabeau de Bavière, qui existent en assez grand nombre dans les archives, et c'est seulement pour signaler un détail d'exécution. On sait que l'usage d'indiquer par un procédé de gravure les émaux variés des armoiries est d'origine récente. Le sceau d'Isabeau de Bavière révèle déjà chez l'artiste une préoccupation de ce genre. La royale figure, debout, étroitement serrée dans sa robe et couronnée d'une haute coiffure, se détache en avant d'une grande draperie blasonnée de France et de Bavière, que soutiennent des anges, gardiens nécessaires mais distraits de la femme de Charles VI. Afin de rendre l'opposition des losanges d'azur et d'argent de l'écu de Bavière, le graveur a interprété l'émail bleu par un système de hachures obliques, descendant de droite à gauche, qui produit l'effet d'une teinte légère; et cédant à cette aversion pour les surfaces unies qui caractérise l'art du XVe siècle, il a, par un travail extrêmement délié, placé en cœur de chaque losange d'argent un annelet réuni aux quatre angles par des diagonales. L'ensemble représente assez justement une étoffe échiquetée de pièces à deux couleurs, en évitant l'uniformité sans caractère d'un treillis au simple trait. La fine ornementation qui décore les losanges d'argent sans les assombrir et leur faire perdre leur valeur de ton relative, rappelle cette moire légère de feuillages ondoyants et de caprices indéterminés dont les graveurs de sceaux allemands de la même époque relèvent presque toujours leurs métaux.

Je terminerai cette rapide revue de sigillographie royale par un grand sceau delphinal de Louis XIV, d'une très-belle conservation. Les archives de l'empire ne possèdent qu'un exemplaire incomplet de ce type, dont l'inventaire si précis de M. Douët-d'Arcq n'a pu donner toute la légende.

On sait que le dernier Dauphin de Viennois, Humbert II, mort dominicain en 1349, voulant assurer à son fief une sorte de perpétuité historique, tout en le laissant absorber dans le milieu envahissant de l'agglomération française, stipula, par les traités de 1343 et de 1344, que le nom et les armes du Dauphin seraient conservés à jamais dans la maison royale de France. Dans le principe, le titre fut donné indifféremment à l'un des princes de sang royal ; plus tard il se concentra uniquement sur la tête du fils aîné. « Mais il est à propos de remarquer, écrit Expilly (II, p. 603), qu'il y a des occasions où le Roi lui-même joint à ses titres de Roi de France et de Navarre les qualités de Dauphin de Viennois, Comte de Valentinois et de Diois, Comte de Provence, de Forcalquier et terres adjacentes, et Sire de Mouzon. » La pièce à laquelle est appendu notre sceau delphinal explique une de ces occasions. C'est une lettre donnée à Paris le 10 janvier 1662, à la suite d'arrêt du Conseil, renvoyant au Parlement de Grenoble le jugement d'un procès entre les Capitouls et le Parlement de Toulouse. Elle porte la formule : « Louis, par la grâce de Dieu, Roi de France et de Navarre, Comte de Valentinois et de Diois. » Ainsi, quoique le titre de Dauphin fût en ce moment porté par le fils de Louis XIV et de Marie-Thérèse, le Roi le prenait lui-même pour transmettre ses ordres à la Cour souveraine du Dauphiné.

Par une fidélité dernière au traité de réunion, le grand sceau delphinal qui ne mesure pas moins de 12 centimètres, porte la figure équestre du Roi, aux armes de France et de Dauphiné, avec la légende : SIGILLVM LVDOVICI XIIII D. G

FRANCORVM REGIS DELPHINI VIENNENSIS 166.. Mais si l'ensemble affecte de rappeler le type préféré des grands vassaux, il s'en éloigne par une foule de détails curieux, où l'on peut démêler sans peine la révolution qui s'est faite dans les idées et dans les sources d'inspiration des artistes. (*Fig.* 3, *pl.* I).

Le cheval, honoré du poids de son maître, s'avance avec grâce et majesté dans une prairie émaillée de fleurs que le soleil royal a fait éclore, et découpe sa silhouette sculpturale sur le ciel fleurdelisé de la monarchie. Ce n'est plus le destrier fougueux de la tradition féodale, qui passe comme un tourbillon, ouvrant ses naseaux au vent des batailles, et qui balaie le sol des plis de sa housse flottante. C'est déjà la monture discrète et respectueuse des bords du Rhin, que la grandeur de Louis attache au rivage, et qui ne suivra dans les flots ni Gramont, ni Bellone.

L'équipement ne s'est pas moins modifié : le Roi porte l'armure en fer battu, à charnières, avec cuissards articulés et corselet à taille de guêpe, de larges épaulières cintrées protégent ses avant-bras. Le casque, laissant le visage découvert, est encore surmonté de la grosse fleur de lis des fils de France, mais en même temps, d'un lourd panache qui ne ressemble guère aux plumes ondoyantes et aux lambrequins tailladés à coups de sabre de l'ancienne chevalerie. L'épée est large, nervée, à garde massive, et d'une longueur exagérée; le bouclier, condamné désormais, par la transformation des armes, « à servir de parade et non pas de défense, » s'est au contraire singulièrement réduit, et a pris la forme d'un cartouche orné de volutes, chargé d'une couronne à fleurons découpés qui en fait bien la pièce la plus gênante de l'armure, mais qui offre l'avantage de ne pas manquer de respect au blason royal.

Après les rois, voici leurs représentants en Languedoc, les gouverneurs et lieutenants généraux.

Les recherches faites jusqu'à ce jour nous en donnent neuf : Guillaume de Flavacourt, archevêque d'Auch ;

Pierre de la Palu, sire de Varembon, sénéchal de Toulouse et d'Albigeois;

Jean de France, duc de Normandie, plus tard le roi Jean;

Jean de Marigni, évêque de Beauvais;

Jean Ier, comte d'Armagnac;

Arnoul, sire d'Audeneham, maréchal de France;

Louis de France, duc d'Anjou;

Jean de France, duc de Berry;

Jean de Grailly, comte de Foix.

Les sceaux de Guillaume de Flavacourt et de Pierre de la Palu, sont appendus à des lettres patentes données en commun par ces deux officiers, datées d'Agen, le 17 octobre 1340, et portant absolution de toutes les peines encourues par le Corps capitulaire de Toulouse, pour contravention aux ordonnances sur les monnaies, à condition de verser au trésor royal 4,500 livres, destinées aux frais de la guerre de Gascogne, 2,000 livres devant être payées avant la fête de Toussaint, et 2,500 avant la Pentecôte. (*Fig.* 5 *et* 6, *pl.* II.)

Le sceau de l'archevêque présente seulement la figure de la Vierge, portant l'enfant Jésus, assise sur un trône avec décoration architecturale. Dans la légende, incomplète, on distingue les mots :... LLV. G. ARCHIEPISCOPI. AVXITA...

Pierre de la Palu est représenté à cheval, courant vers la droite, le cheval à housse flottante, blasonnée des armes de son maître, de gueules à la croix d'hermine. Légende : PIERRE DE LA PALV SIRE DE VAREMBON.

Voici les titres officiels que prennent les deux agents royaux en tête de leur ordonnance : « Guillaume, par la permission divine, archevêque d'Auch, et Pierre de la Palu, chevalier, sire de Varambon, sénéchal de Toulouse et d'Albigeois, conseillers, capitaines et lieutenants au pays de Languedoc pour le Roi notre Sire... *Consiliarii, capitanei et locum tenentes in occitanis partibus*.

Par les formules semées dans le corps de la lettre, on voit que l'archevêque et le chevalier se considèrent comme lieutenants royaux dans le sens le plus étendu : « En vertu de l'autorité et puissance royale qui nous a été attribuée en ce pays... *Ex potestate et auctoritate regia nobis in hac parte attributa*... de notre certaine science et grâce spéciale, *ex certa nostra scientia et gratia speciali.* »

Comme justification de ce langage impérieux, ils reproduisent textuellement la commission royale, datée de Béthune, le 4 août 1340, par laquelle Philippe-de-Valois les investit de pleins pouvoirs, ainsi que leurs deux collègues, l'archevêque de Sens et l'évêque de Noyon. Ce titre nous paraît présenter un vif intérêt en ce qu'il fait voir combien étaient larges les attributions des quatre grands dignitaires chargés de représenter le pouvoir royal.

« Pleinement confiant, écrit le Roi, en votre fidélité, diligence, loyauté et sagacité, nous avons cru devoir vous commettre à la réformation du pays de Languedoc, en général et en particulier, nous vous faisons et constituons nos capitaines et lieutenants ; donnons pleins pouvoirs à vous quatre ou à deux d'entre vous de réformer nos pays et sujets ; de punir, corriger, créer, destituer nos officiers de tout ordre, *tam majores, mediocres quam infimos*, de traiter avec bienveillance les gens dudit pays, de les ramener à notre grâce par les meilleurs moyens qu'il vous sera possible, d'octroyer des priviléges ou libertés aux lieux et villes pris ou à prendre sur nos ennemis, d'accorder des anoblissements, de faire des donations de notre propre domaine à titre viager ou héréditaire, à autant de personnes et à telles que vous le jugerez convenables, de remettre les condamnations, peines, bannissements et autres forfaitures et tous autres pouvoirs que l'on sait appartenir à l'office de capitaine et lieutenant royal, de faire, en un mot, tout ce que nous ferions nous-même si nous pouvions nous trouver en personne dans les sénéchaussées de Toulouse, Agen, Périgord et Saintonge, Rouergue, Bigorre et Beaucaire, et ordonnons à nos receveurs et autres officiers, justiciers et sujets desdits pays et de toute la Languedoc, de vous obéir en tout et pour tout comme à nous-même, en tant qu'ils sont zélés pour notre honneur et désireux d'éviter notre indignation. En foi de quoi nous avons fait apposer à ces lettres notre sceau secret. Donné à Béthune, le 4 août, l'an du Seigneur 1340. »

Un mot sur les deux personnages investis de cette imposante dignité. Guillaume de Flavacourt sortait d'une famille noble, qui tirait son nom d'un lieu situé dans le Vexin français, aux environs de Gisors. D'abord, évêque de Viviers, il succéda en 1322 à Pierre de Roquefort, sur le siége de Carcassonne, et fut élu en 1324 archevêque d'Auch, par le chapitre de Sainte-Marie. Son commandement dans la province paraît s'être prolongé jusque vers l'année 1351. En 1356, il passa à l'archevêché de Rouen, et mourut trois ans après.

Pierre de la Palu appartenait à une très-ancienne maison de la Bresse, dont les aînés portaient le titre de la seigneurie de Varembon, située au bord de l'Ain, à 22 kilom. de Bourg (canton de Pont d'Ain.) Sa carrière fut toute au service de la royauté. Nous le retrouvons tour à tour bailli d'Amiens, de Lille et de Douai, sénéchal de Carcassonne et de Béziers, sénéchal de Toulouse et capitaine en Languedoc.

Le sceau secret de Jean de France, duc de Normandie, est d'une exécution remarquable et d'une grande finesse. Il porte simplement les armes du prince : écu penché, à six fleurs de lis avec la bordure de Valois, couronne de fils de France, surmontée d'une grosse fleur de lis, dont chaque pétale est orné d'un panache, heaume à visière baissée ; le champ qui est limité par un cercle de grènetis, forme une sorte de treillis composé de croisettes vidées, ajustées par les bras : dans les intervalles, se détachent en plein relief de petites têtes traitées avec une délicatesse qui n'exclut pas la vigueur. C'est un vrai travail d'orfévrerie, dont peu de sceaux présentent l'équivalent. (*Fig.* 7, *pl.* II.)

La légende affirme seulement le droit d'aînesse du prince sans aucun titre d'apanage : *Sigillum Johannis primogeniti regis Francorum*. Les qualifications du futur captif de Somerton nous sont indiquées par le protocole de l'ordonnance à laquelle est appendu notre sceau : « Jean, premier-né et lieutenant du roi de France, notre Sire, duc de Normandie, comte de Poitou, d'Anjou et du Mans : *Johannes primogenitus et locum tenens domini Regis Francie, dux Normannie, Pictaviensis, Andegavensis Cenoman. que Comes.* »

Cette ordonnance, datée de Montauban, le 6 septembre 1344, est adressée au sénéchal de Toulouse. Elle lui prescrit, à la requête des Capitouls, de mettre un terme aux exactions commises par le geôlier et châtelain du château et de la nouvelle Cour royale de Toulouse, *Castri et aule nove regie Tholosane*, ces agents ayant pris l'habitude d'arracher de l'argent aux prévenus confiés à leur garde, sous prétexte de droit d'escaliers, droit de fers et de procès-verbal, *pro ascensu scalarum, pro ferris et pro scriptura relationis.*

L'écusson chargé d'une croix cantonnée de quatre clefs qui figure sur le sceau et le contre-sceau de Jean de Marigni, n'est point personnel à ce prélat, qui portait d'azur à deux fasces d'argent ; ce sont les armes de la Comté-pairie épiscopale de Beauvais (d'or à la croix de gueules, cantonnée de quatre clefs de même posées en pal.) On n'ignore pas que l'évêque de Beauvais était, avec celui de Laon, en possession traditionnelle du privilége d'accompagner l'archevêque de Reims au sacre des rois de France, et de présenter le manteau royal. (*Fig.* 8 *et* 9, *pl.* II.)

Jean Leportier de Marigni, né dans les dernières années du XIIIe siècle, frère d'Enguerrand, fut d'abord chanoine et chantre de l'église de Paris ; il parvint, en 1313, par l'influence alors toute-puissante de sa famille, à l'évêché de Beauvais. Il se trouva du nombre des commissaires enquêteurs chargés de prononcer sur la validité du mariage de Charles IV et de Blanche de Bourgogne, dissous par le Pape Jean XXII. La disgrâce et la mort d'Enguerrand n'enlevèrent rien aux dignités de son frère. Jean de Marigni défendit énergiquement le roi de France contre les prétentions d'Edouard d'Angleterre dans l'assemblée des pairs, dont il entraîna la conviction par un discours demeuré célèbre, où il s'appuya de ce texte de l'Evangile : *Considerate lilia agri quomodo crescunt : non laborant neque nent*, pour exclure les femmes de la succession au trône, argumentation qui parut tellement décisive que la parole évangélique fut inscrite plus tard, comme titre fondamental de la monarchie, sur une banderole flottante au-dessus du pavillon qui abritait les armes royales.

Le sceau pendant que nous publions, est attaché à une lettre datée de Toulouse, le 13 février 1345, adressée au Sénéchal, juges ordinaires et viguiers, pour leur prescrire de ne pas laisser entraver les capitulaires, sous prétexte d'appel, dans les mesures de rigueur qu'ils étaient obligés de prendre contre les habitants de Toulouse, afin d'activer la levée des tailles destinées aux fortifications de la ville. L'évêque y prend le titre de Conseiller du roi et du duc de Normandie : « *Johannes permissione divina Belvacensis episcopus, domini nostri regis et ducis Normannie et Aquitanie consiliarius*.

Jean Ier, comte d'Armagnac, est représenté dans notre série par deux variantes armoriales, un sceau ordinaire de 32 millimètres et un signet de 16. Le premier est appendu à une lettre, datée de Montauban, le 24 mai 1343, adressée au Sénéchal de Toulouse, portant, en faveur des habitants de Toulouse, autorisation de ne pas financer pour les acquisitions de biens nobles. Le second scelle une lettre datée de Toulouse, le 11 octobre 1346, ordonnant aux capitulaires de lever les sommes qu'ils ont employées d'avance pour les fortifications de leur ville, et d'y contraindre tous les habitants par saisie et vente de leurs biens, et emprisonnement de leurs personnes.

Dans le sceau ordinaire, encadré d'un cercle à seize lobes délicatement ouvragé, un écu penché, écartelé d'Armagnac et de Rodez, surmonté d'un heaume fermé vu de face, d'une couronne à fleurons et d'un cimier volumineux, où l'on a pu reconnaître tour à tour une gerbe (le Père Anselme III, p. 416,) une touffe de plumes (M. Douët d'Arcq) ou un faisceau de flèches, est soutenu par deux vieillards barbus et drapés, dont les mains grêles et nerveuses affermissent de leur mieux la couronne sur le front du casque. Ces deux personnages portent une haute coiffure conique, à bords retroussés, ornée sur le devant de deux longues plumes, coiffure dont divers monuments du XIVe siècle offrent des exemples, les peintures de Giotto et d'Orcagna au campo Santo de Pise (Mercuri, t. II, pl. 129,) les miniatures du *Josèphe* de Jean Fouquet, peintre de Louis XI, où le roi Nabuchodonosor assis sur son char porte un chapeau identique (*Arts somptuaires*, II, p. 185.) Celles de l'*Histoire de la Belle Hélène*, manuscrit du XVe siècle, conservé à la bibliothèque royale de Bruxelles (moyen âge et renaissance, III, pl. I). Dans la légende incomplète, courant autour d'un cercle de perles, on ne distingue que les mots ARMAN FEZEN, Armagnac, Fezensac.

Le signet offre seulement l'écu avec couronne, cimier et manteau, et la légende ARMAGNAC. (*Fig. 10 et 11, pl. II*).

Notre comte est le premier seigneur d'Armagnac qui ait écartelé les armes primitives de sa maison, *d'argent au lion de gueules*, de celles des comtes de Rodez, de *gueules au léopard lionné d'or*, afin de se conformer aux volontés de sa mère, Cécile de Rodez, qui lui avait légué, en 1312, son fief héréditaire, pour être inséparablement incorporé au comté d'Armagnac, à condition que les deux écus en seraient unis.

Voici les titres que prend le comte en tête de ses ordonnances :

« Jehan, par la grâce de Dieu, comte d'Armagnac, de Fezensac et de Rodez, vicomte de Lomagne et d'Auvillars, lieutenant de nos seigneurs le Roy de France et duc de Normandie et de Guyenne en tout le pays de Languedoc. » « *Johannes Dei gratia comes Armaniaci Fezenciaci et Ruthene, vicecomesque Leomanie et Altivillaris et locum tenens dominorum nostrorum Regis Francorum et ducis Normannie et Aquitanie in tota lingua Occitana.* »

Le titre de vicomte de Lomagne et d'Auvillars provenait du mariage de Jean d'Armagnac avec Régine de Goth, petite-nièce du pape Clément V. Jean d'Armagnac se dessaisit momentanément de ce fief en faveur du Roi, mais il en reprit possession définitive en 1343.

Vers la fin de sa vie, il ajouta à ses domaines, qui faisaient déjà de sa maison une des plus riches et des plus puissantes du Midi, les terres d'Aure, Barousse et Nestes, achetées au seigneur de la Barthe; et pour assurer la grandeur de sa race, il ordonna, par testament, que les comtés d'Armagnac et de Rodez, vicomté de Lomagne et de Magnoac seraient inséparablement unis à jamais.

Le nom du maréchal d'Audenebam est associé aux plus tristes souvenirs du roi Jean. Prisonnier à Poitiers, détenu plusieurs années en Angleterre, il reçut, en 1361, de concert avec le maréchal de Boucicaut et les sénéchaux de Toulouse et de Carcassonne, la pénible mission de délivrer à Jean Chandos, lieutenant-général du roi d'Angleterre, les pays cédés par la France au traité de Brétigny. Il installa l'officier anglais à Montauban le 20 janvier, et à Villefranche de Rouergue le 8 février 1362. Pendant son commandement en Languedoc, qui date de 1361, son activité s'usa contre les grandes compagnies, qu'il poursuivit tour à tour, avec un succès variable, à Salgues, en Gévaudan, à Minerve, à Peyriac de Minervois. Il alla mourir en Espagne, où il guerroyait avec les bandes françaises. Avant la bataille de Poitiers, il avait été tour à tour capitaine souverain au comté d'Angoulême, lieutenant-général en Poitou, Saintonge, Limousin, Angoumois, Périgord et tout le pays d'entre Loire et Dordogne, lieutenant-général en Bretagne et en Normandie, puis au pays d'Anjou et du Maine.

La lettre à laquelle est appendu notre sceau est datée de Toulouse, le 25 juillet 1363, et adressée au sénéchal de Toulouse, lui prescrivant de contraindre tous les consulats, villes, communes et lieux de la sénéchaussée à contribuer aux dépenses faites par les capitulaires pour frais de voyage et d'entretien des ôtages envoyés en Angleterre auprès du roi Jean.

Le sceau du maréchal, qui a été mentionné par le Père Anselme (VI, p. 751), porte un écu penché, orlé et bandé de six pièces, surmonté d'un heaume taré de profil d'un relief très-saillant, à long couvre-nuque découpé, lambrequins et cimier indéfinissable par suite d'une altération de la cire. Le travail de gravure au pointillé qui assombrit trois des bandes et les détache nettement de la surface lisse des trois autres, indique un écusson à deux émaux. Le champ est un treillis de losanges liées d'annelets et ponctuées d'une perle. Légende : S. ARNOUL : SIRE DODENEHEM. Scel Arnoul, sire d'Odenehem. (*Fig.* 12, *pl.* II.)

Le nom de la seigneurie n'est pas orthographié dans cette légende comme dans le protocole où nous le trouvons écrit par AU : « *Arnulphus dominus d'Audenehem, marescallus Francie, locum tenens domini nostri Francorum regis in partibus Occitanis.* » Le Père Anselme signale, du reste, quatre variantes, *Odenehan*, *Audenehan*, *Audeneham* et *Odenehem*, qu'il annonce avoir relevées dans divers titres scellés de la collection Gaignières. Rymer en ajoute deux (*Acta publica*, VI, p. 126), en citant une lettre de sauf-conduit du roi Edouard III, datée de Westminster, le 11 mai 1359, où le maréchal, envoyé en France pour traiter de la paix, de concert avec l'Archevêque de Sens, les seigneurs de Tancarville, et de Dampmartin, etc., est tour à tour appelé *Marescallus Dodenham* et *Marescallus de Dodenham*.

Les actes émanés de Louis de France, duc d'Anjou, fils du roi Jean, gouverneur en Languedoc de 1365 à 1378, et protecteur du couvent des Augustins de Toulouse, sont assez nombreux aux archives de l'Hôtel de ville. Ce sont des lettres patentes, ordonnances ou lettres missives, datées de Toulouse ou de Carcassonne. Il en est trois qui portent encore des fragments considérables de sceau équestre en cire verte et en cire rouge. D'après ce qui reste, et surtout d'après les deux beaux fragments en cire verte, attachés par des lacs de soie verte et rouge à des lettres patentes données à Toulouse au mois de novembre 1377, portant que les capitulaires et autres habitants ne seront pas compris dans la nouvelle répartition de la sénéchaussée par feux, et continueront de payer leurs tailles par manière de taxe ou de quote-part, on peut juger que le sceau du prince était d'un grand style. Les plis de la grande housse fleurdelisée qui bat les flancs du cheval, sont jetés avec cette largeur élégante et hardie qui caractérise la sculpture de l'époque. Le Duc, vêtu du haubert de mailles, ferme sur ses étriers, s'avance l'épée haute, coiffé d'un heaume conique, à mantelet de mailles tombant sur la nuque et visière baissée, le timbre surmonté d'une grande fleur de lis. Il ne subsiste que quelques lettres de la légende du grand sceau : IS CENOMAN, *comitis Cenomanie, comte du Maine*. (*Fig.* 13, *pl.* II.) Le champ forme un réseau de feuillages lancéolés.

Le contre-sceau est complet : écu fleurdelisé et orlé dans une rose à huit lobes, avec la légende : COTRAS' LUDOVICI REGIS 9DA FRANCO.. FILII DUCIS ANDECAVNSIS COMITIS CENOMA. Contre-sceau de Louis, fils du feu Roi des Français, duc d'Anjou, comte du Maine. (*Fig.* 14, *pl.* II.)

En tête de ses lettres, Louis d'Anjou prend le titre de fils du roi défunt et frère du roi régnant (Charles V) : *Ludovicus regis quondam Francorum filius, domini nostri regis germanus, ejusque locum tenens in partibus Occitanis, dux Andegavensis ac comes Cenoman.* »

En février 1377, dans une lettre au sénéchal de Toulouse, portant révocation d'une exemption de taille accordée aux sergents royaux, il ajoute à son titre de duc d'Anjou celui de duc de Touraine, *Andegavensis et Turonensis*.

Si les royales splendeurs de Jean de France, duc de Berry, n'étaient pas attestées par les témoignages des historiens, par les œuvres d'art auxquelles il a laissé son nom (manuscrits à miniatures, sainte chapelle de Bourges, etc.), et aussi, il faut bien le dire, par les accusations des peuples que ses exactions mettaient aux abois, on les pourrait pressentir par la beauté et la variété des sceaux émanés de sa chancellerie.

Signalons d'abord un grand sceau en cire rouge dont nous avons plusieurs exemplaires, moins complets à la vérité que celui du *Trésor de numismatique et de glyptique*, mais d'une conservation bien supérieure. (*Fig.* 16, *pl.* III.) Sous un porche gothique, à triple arcature, orné de clochetons, de crochets rampants, de trèfles et de galeries délicatement ouvragées, le duc est debout, vêtu d'une longue robe à collet de fourrure (cette robe bleue à collet d'hermine que nous offre une charmante miniature, exécutée par ses ordres en tête du titre de fondation de la Sainte-Chapelle de Bourges, *Archives du Cher*); de la main gauche il tient ses gants, de l'autre le sceptre. Sous l'ogive de gauche est un ours assis; sous celle de droite un cygne nageant au-dessus des ondes. Entre ces deux animaux favoris, que sa galanterie tardive avait choisis pour devise (Oursine le temps venra), le prince a réparti ses emblèmes héraldiques. L'ours a la tête coiffée du heaume des fils de France, chargé de la fleur de lis à double pétale; le cygne porte, suspendu au cou, l'écusson fleurdelisé.

Cet écu se répète dans le contre sceau, soutenu par l'ours et le cygne, au milieu d'un trilobe aigu, avec la légende : CONTRASIGILLUM MAGNI SIGILLI NOSTRI. (*Fig.* 17, *pl.* III.)

Le plus bel exemplaire de cette variante est attaché à une lettre datée de Paris le 19 avril 1407, adressée au sénéchal et viguier de Toulouse. Comme elle contient quelques particularités curieuses, relativement à la vie universitaire au XVe siècle, on me permettra d'en reproduire le texte :

Jehan fils de Roy de France, duc de Berry et d'Auvergne, conte de Poitou, d'Estampes, de Bouloigne et d'Auvergne, lieutenant de monseigneur le Roy en ses pais de Languedoc et duché de Guienne. A nos tres chers et bien amez les seneschal et viguier de Thoulouse ou leurs lieuxtenans, salut. Les cappitoulx consuls et habitans de la ville de Thoulouse nous ont fait humblement exposer comme lesdits cappitoulx, consuls et habitans et aussi les officiers de mondit seigneur et nostres ayent accoustumé, quant on fait en lestude et université de la ville aucun maistre en théologie, docteur en droit civil ou canon ou bachelier et autres notables et solempnez faiz destude, aler pour honnourer ceulx qui sont doctorisez ou graduez, quant ilz en sont priez et requis; neantmoins, puis peu de temps en ca, lesdits cappitoulx, consuls et habitans et aussi les officiers de mondit seigneur et nostres ont délaissié aler ausdiz faiz et honneurs, pour cause de certaines lettres closes a eulx envoyées par lesquelles leur estoit deffendu que aucunement ils ne alassent ne fussent présens ausdiz faiz et honneurs; en nous requérant humblement que ils y puissent aler. Nous, inclinans a leur dite supplication, avons octroié et octroions par ces présentes ausdiz cappitoulx, consulz et officiers de mondit seigneur et nostres, et bourgois et habitans de la dicte ville et autres, qu'ilz puissent aler ausdiz faiz de l'estude touteffois quil leur plaira senz pour ce encourir au aucune amende ou offense envers mondit seigneur et nous; et de ce les laissiez et souffriez joir et user ainsi et par la manière qu'ilz ont fait le tems passé sens y mettre ou souffrir estre mis aucun empeschement ou destourbier, non obstans lesdites lettres et quelconques autres mandements et deffenses a ce contraires. Donné à Paris, en nostre hostel de Neelle le XIX jour d'avril lan de grace mil quatre cens et sept.

Par monseigneur le duc et lieutenant
Vous et le seigneur Dalegre presens, LE BŒUF.

Une seconde variété apparaît au bas de deux ordonnances, datées l'une de Toulouse, le 7 décembre 1384, l'autre de Montpellier, le 14 mai 1389, retardant les élections capitulaires : la première à la fête de saint Vincent, la seconde à la fête de saint Sernin.

Ici, le Duc est encore figuré debout, mais tout le bas de son corps, à partir du buste, est masqué par un grand écusson de Berry, que soutiennent, à droite un ours, et à gauche un cygne. (*Fig.* 18, *pl.* III.)

Enfin, un dernier type qui est aussi d'une belle exécution et qui est attaché à des lettres patentes données à Carcassonne, le 4 juillet 1403, ordonnant une nouvelle assemblée des communes, afin d'étendre les pouvoirs de leurs délégués aux États, porte seulement l'écu de Berry, de forme ronde, à bordure engrêlée. Le semis de fleurs de lis est d'une grande richesse ; on en compte trente-cinq, bien que le sceau ne soit pas complet.

Le contre-sceau n'en est qu'une réduction contenant douze fleurs de lis. (*Fig.* 19 *et* 20, *pl.* III.)

Parvenu à un âge avancé, le duc de Berry s'était épris d'une toute jeune fille, héritière des comtes de Boulogne et nièce des comtes de Foix. Il l'épousa, malgré les prédictions ironiques du roi de France, avant même qu'elle fût nubile, et consentit pendant quelques années à n'être que le gardien respectueux de la princesse. Mais il multiplia partout autour d'elle les emblèmes de sa passion. L'ours et le cygne, rébus galant dans le goût du siècle, par lequel il prétendait désigner sa jeune femme (Oursine, ours, cygne), s'associèrent partout aux emblèmes héraldiques du fils de France, soutinrent son écu ou son casque, s'enlacèrent aux feuillages et aux rinceaux dans ces splendides miniatures dont il peuplait sa librairie, et prirent même place dans la décoration de sa tombe. C'est à la même époque et sous l'empire des mêmes sentiments qu'il adopta cette devise où la patience le dispute à l'espoir : « Oursine, le temps viendra. » Quand on exécuta la statue couchée qui devait décorer son sarcophage, on grava la devise favorite sur le bord du manteau ducal, et une ourse énigmatique, enchaînée aux pieds du prince, devint pour ses familiers le témoignage suprême de ses dernières et romanesques amours.

J'ai relevé deux variétés du sceau de Jean de Grailly, comte de Foix; mais elles ne diffèrent que par la disposition de la légende et par quelques détails décoratifs (dans l'une, le champ est semé de feuillages, dans l'autre il forme un treillis ponctué.) Dans l'une et l'autre, figure un écu penché, débordant sur la légende, écartelé de Foix et de Béarn, avec heaume à visière fermée et gorgerin, lambrequins flottants et tortil. Au-dessus du timbre, s'élève un cimier très-volumineux, composé des six pals de Foix, disposés en éventail, entre lesquels s'avance curieusement le mufle de la vache de Béarn, portant sa grosse clochette au cou. (*Fig.* 21, *pl.* III.)

Légende : *S. Johannis Dei gratia comitis Fuxi.*

Jean de Grailly était fils d'Archambaud, captal de Buch, et d'Isabel de Foix.

Notre sceau montre que le Comte avait abandonné les armes héréditaires de sa maison, originaire du pays de Gex, au bord du lac de Genève (d'argent à la croix de sable chargée de cinq coquilles d'argent), pour adopter simplement l'écusson de Foix, afin de se mieux substituer sans doute à la puissante dynastie féodale dont il était devenn le représentant. En 1415, Jean de Grailly était devenu comte de Bigorre, par suite d'un traité conclu avec le comte d'Armagnac, gouverneur de Dauphiné.

Il en prend le titre dans la lettre suivante, datée de Mazères, le 12 novembre 1428, dont nous reproduisons le texte, parce qu'elle est écrite en roman et qu'elle peut, malgré sa briéveté, fournir quelques données utiles à l'histoire de cette langue. C'est un ordre au viguier et capitouls, d'avoir à différer les élections capitulaires jusqu'à la Saint-André, jour où le comte de Foix se promettait d'être à Toulouse :

« Johan, comte de Foix et de Begorre, loctenent general per lo Rey nostre senhor en sous pais de Lenguadoc et dugat de Guiayne, aus Veguer et Capitols de Tholose, salut.

» Cum a cause de augunes grans besonhes toquantz lo Rey nostre senhor, que no ha gayres avem agut, et aximedix per autres nostres propris, per encoeres no siam podut, ni puscam anar de present part de quera, aixi que eie nostre prepaus; per so es que, per certans causas nos moventz, toquantz lo ben et honor deu Rey nostredit senhor, vos mandam et a cascun de vos, et de part nostre dit senhor inhibim per tenor de las presens, en pene de tant quant podetz menhs far envers nostredit senhor et nos, que entiro au oeytan jorn apres la feste de Sant Andriu prosmat vient, que nos seram part de la, Diu adjudant, no procediatz en augune maniere a la eleccion de Capitols noels. Dad a Maseres lo XII jorns de novembre lan mil quatre centz vint et oeyt.

Per monsenhor lo comte et loctenent,

J. DE LA PORTA. »

On vient de voir par ce qui précède, que les gouverneurs

et commandants généraux en Languedoc, bien qu'ils fussent des représentants de la royauté, employaient leurs sceaux personnels dans les actes de leur administration et jamais les armes royales. Il n'en fut pas ainsi des autorités permanentes, cours et juridictions, qui reçurent elles aussi, mais à des titres divers et d'une manière plus fixe et plus uniforme, la délégation du pouvoir souverain. Dépositaires d'une tradition qui voulait être immuable, prolongées à travers les temps dans une sorte de perpétuité impersonnelle, elles reçurent pour symbole les armes même de la royauté. Nous n'avons donc que des fleurs de lis à relever sur les sceaux de la sénéchaussée, de la Viguerie, du Parlement, de la Trésorerie.

Dans les dernières années du XIIIe siècle, il existait un sceau unique, commun à la Sénéchaussée et à la Viguerie, confié aux soins d'un officier spécial que nous trouvons désigné dans les titres par les mots : « *Tenens sigillum senescallie et vicarie tholosane.* » Indépendamment des actes émanés directement du Sénéchal et du Viguier, cet agent délivrait, légalisée par l'apposition du sceau, les expéditions des lettres du Roi ou du gouverneur, dont les nécessités administratives exigeaient la transmission. Les pouvoirs du Sénéchal étaient à cette époque fort étendus, non-seulement dans l'ordre féodal et judiciaire, mais encore comme intermédiaire direct entre le Roi ou ses lieutenants, et les communes ou les particuliers.

J'ai retrouvé de ce type, le plus ancien que je connaisse, quelques exemplaires tronqués, mais se complétant l'un par l'autre et d'une exécution remarquable. (*Fig.* 22, *pl.* III.)

Le sceau, invariablement en cire jaune, mesure 7 centimètres. Il porte l'écu de France, triangulaire, allongé, un vrai bouclier de bataille chargé de dix-neuf lis. Comme le symbole conserve encore toute sa pureté native, il n'est pas surmonté de couronne et se découpe nettement, sans panache ni lambrequins, sur un grand cercle d'ornementation élégante et riche, concentrique à la légende. Le système décoratif de cette zone est formé de six groupes de rinceaux composés chacun d'une feuille cordiforme à long pétiole, dirigée du centre à la circonférence et accostée de deux tiges souples et nervées qui se recourbent à droite et à gauche, en émettant des vrilles et des feuilles à plusieurs lobes. L'ensemble de cette décoration rappelle ce type de végétation conventionnelle que l'art italo-grec a multiplié dans les dessins de vases et de mosaïques, et que l'art roman, tout inspiré de réminiscences antiques, a reproduit à son tour le long des frises ou sur les tailloirs des chapiteaux. Il y a fort loin, du reste, de cette imitation vague et complexe, qui est presque une création, à la précision réaliste des emprunts que l'art devait faire, dans la période suivante, aux types les plus variés de la flore indigène.

La légende incomplète, en beaux caractères, peut certainement être lue ainsi : *Sigillum curie Senescalli et vicarii Tholose.*

Au XVe siècle, nous retrouvons un sceau particulier à la sénéchaussée, en cire rouge et de proportions bien réduites. Il est appendu à un vidimus de lettres de Charles VII, délivré par Jehan de Bonnay, sénéchal de Toulouse et d'Albigeois, le 9 décembre 1427. Ici, l'écu royal, chargé seulement de huit fleurs de lis ; dont quatre incomplètes, est inscrit dans un large cercle à huit lobes, surmonté d'une petite couronne fleuronnée et accompagné de deux oiseaux au corps grêle qui retournent la tête pour le regarder.

Légende : *Sigillum regium Senescalli Tholose.* (*Fig.* 24, *pl.* III.)

Dès le siècle précédent, la Cour du viguier possédait un sceau spécial, toujours en cire jaune, et dont le champ circulaire n'était qu'un semis fleurdelisé entrelacé de fines tiges à folioles sessiles, avec la légende : *Sigillum curie vicarii Tholose.*

La constitution définitive du Parlement, à titre de Cour sédentaire et permanente, datant seulement de l'année 1444, l'écu royal qu'il avait reçu pour emblème, n'y porte que trois fleurs de lis. Les exemplaires de grands sceaux du Parlement sont assez nombreux aux archives de l'Hôtel de ville, à cause de l'intervention fréquente de la Cour dans toutes les questions litigieuses qui intéressaient la commune; mais par suite des précautions mêmes dont ils furent entourés, cousus dans du parchemin et des étoupes, ils sont presque entièrement défigurés. Nous en publions un du XVIe siècle, qui est exceptionnellement d'une excellente conservation. Il est appendu à un arrêt du 16 mars 1518, portant confirmation du privilége qu'avaient les habitants de Toulouse, de ne payer aucun droit de leude dans le territoire du comté.

Il est rond, en cire brune, et mesure 10 centimètres de diamètre. L'écu de France, posé droit, est surmonté d'une couronne à neuf fleurons trilobés, au-dessus de laquelle s'élève un buste d'ange, les ailes étendues. A côté de l'écu, se dessinent deux buissons fleuris, naissant chacun d'une montagne à quatre coupeaux. Légende : *Sigillum Francisci Francorum regis in patria occitana ordinatum.* (*Fig.* 26, *pl.* IV.)

Le contre-sceau de 4 centimètres, porte un semis de huit fleurs de lis, dont quatre complètes avec la légende : *Contra sigillum regis in patria occitana.* (*Fig* 27, *pl.* IV.)

Le caractère général du dessin, la physionomie de cet ange à longues ailes effilées, la forme des lettres et la formule même de la légende démontrent clairement, si on les rapproche de la date souscrite au bas de l'acte, que le type primitif s'était immobilisé pendant une assez longue période.

L'expression : *In patria occitana* est la traduction latine des mots romans : *pais de lengua doc*, telle qu'on la rencontre dans les titres officiels à partir du XIVe siècle. C'est une formule qui procède du système d'unification monarchique, en groupant sous une appellation commune, d'une étymologie d'ailleurs étrange, les divers grands fiefs dont se composait, en 1271, le vaste domaine des comtes de Toulouse, et qui marque la séparation profonde et nationale de la France française et de la France romane, séparation qui, à la date de notre sceau, allait perdre toute sa portée par l'infiltration de plus en plus active de la langue française dans les actes de tous les pouvoirs.

Dès la première moitié du XVIIe siècle, cette formule vieillie avait entièrement disparu du sceau parlementaire, qui ne portait plus, d'après Cayron, que les mots *Ludovicus XIII, Francorum et Navarræ rex.* (*Style du Parlement*, p. 777.)

Le même écrivain nous fournit quelques détails curieux sur la chancellerie du Parlement; elle était présidée par un maître des requêtes ou un conseiller de la grand'chambre, et comprenait des secrétaires, des audienciers, des contrôleurs, des référendaires tous docteurs ou licenciés, un chauffe-cire et un huissier. Les séances ordinaires du sceau se tenaient deux fois par semaine, au palais, « le mercredy après disner et le samedy au matin. » Les référendaires présentaient un rapport sur les lettres ou provisions qui leur étaient délivrées par les procureurs des parties, et l'on en vérifiait la légalité avant d'y apposer le sceau; l'audience finie, les contrôleurs et audienciers arrêtaient avec le cirier la quantité de cire fournie et en tenaient registre : puis, les lettres étaient déposées par ordre dans un coffre d'où on les retirait après l'audience, pour les délivrer aux parties. On se fera facilement une idée de l'activité de cette chancellerie, si d'une part on veut bien se rappeler les mœurs processives de nos ancêtres, et de l'autre la vaste étendue du ressort, qui ne comprenait pas moins de trois archevêchés et de vingt-huit évêchés.

Quelques années avant la révolution, la chancellerie du Palais occupait quarante-six personnes, dont un garde des sceaux, dix-neuf secrétaires audienciers et contrôleurs, un scelleur, dix référendaires, six greffiers garde-minutes, huit huissiers et un distributeur chargé de la délivrance des lettres, les jours de bureau, à deux heures de l'après-midi

Le dernier scelleur du Parlement de Toulouse a été M. Baour, écuyer, imprimeur, père du poëte Baour-Lormian, et l'auteur de ce curieux *Almanach historique de la province de Languedoc*, renfermant un tableau si intéressant et si complet de l'ancienne organisation provinciale.

Après le sceau du Parlement de Toulouse, se placent naturellement les sceaux personnels de quelques membres de cette Cour.

Le cachet de Pierre Séguier, imprimé sur papier, en forme de timbre sec, et fixé au bas d'un rapport écrit sur parchemin, de l'année 1513, porte seulement un écusson droit, chargé d'un lion et de trois coquilles en chef, et accompagné de deux rameaux. Il n'offre aucune légende. (*Fig.* 28, *pl.* IV.)

Celui de Michel de Vabres, imprimé de la même manière au bas d'un procès-verbal du 5 décembre 1524, relatif à l'élection des Capitouls de l'année suivante, cassée par arrêt du Parlement, est aussi un sceau armorial. Il porte un écu penché chargé d'un chevron et de trois roses, sommé d'un casque à visière fermé, soutenu par deux lions, avec un buste de lion pour cimier. Légende : S. MICHEL. D. VABRE CONSEILLIER DV ROY. (*Fig.* 29, *pl.* IV.)

Les émaux de l'écu nous sont indiqués par divers armoriaux des états de Languedoc : chevrons et roses d'or en champ d'azur, d'après Baudéan (*Armorial des états de Languedoc*, Montpellier, 1686, pl. LXXIX), chevrons d'or et roses d'argent, d'après Gastelier de la Tour (*Armorial des états de Languedoc*, Paris, 1767, pl. LI.)

Les recueils de dénombrements rendus à l'Hôtel de ville par les tenanciers de fiefs nobles, nous apprennent qu'en 1540, Michel de Vabres était possesseur de la baronnie de Castelnau-d'Estretefons, qui donnait entrée aux états de Languedoc, et qui avait précédemment appartenu à l'ancienne famille toulousaine d'Isalguier.

Voici les termes mêmes du dénombrement, en date du 24 octobre 1540 (*Dénombrements*, reg. 1, f. 137, v°.).

« Je, Michel de Vabres, conseiller du Roy nostre Sire en sa Cour de Parlement à Tholose... incorporé avec les nobles citoyens de la ville et cité dudit Tholose... tiens à foy et hommage dudit seigneur la place, lieu et baronnie de Chasteauneuf d'Estroictefons, située en la Sénéchaussée et lez Tholose, en toute juridiction, haute, moyenne et basse, cens, rentes, domaine noble et autres ses dépendances, excepté la douzième partie de la juridiction que tient Jehan Portier, marchand de Tholose. »

Un descendant de Michel, Jean de Vabres, portait en 1686

le titre de marquis de Castelnau. Il ne laissa qu'une fille, Catherine, qui, par mariage, fit passer la baronnie dans la famille de Bar, originaire de Périgord. Antoine de Bar, qui assista pour la première fois aux États de la province, le 21 novembre 1748, avait conservé les armoiries de sa mère, miparties de Bar et de Vabres. (Bar porte coupé de deux : au premier, d'azur à deux bars d'argent en fasce; au deuxième, d'azur à deux pals d'argent, chargés de trois étoiles d'azur. (*Gastelier de la Tour*, p. 104.)

Tous les pouvoirs, individuels et collectifs, que nous avons passés en revue dans le cours de cette étude, tirent leur naissance et leur prestige de l'autorité souveraine. Il nous reste maintenant à examiner des sceaux d'origine populaire : je veux parler des sceaux de communes.

L'histoire complète des sceaux de la commune de Toulouse, de l'origine et de la transformation des types qu'ils nous présentent, formerait à elle seule un chapitre intéressant de la sigillographie française. Malheureusement la maison de ville d'où sont parties tant de lettres patentes et de lettres closes émanées de l'autorité consulaire, n'a pas conservé une seule matrice de sceau en métal. La présence de quelques empreintes en cire et en papier, d'ailleurs assez rares, ne s'explique même que par des circonstances exceptionnelles, telles que le retour de titres au dépôt communal, par suite d'évolutions administratives; et pour achever le travail dont nous essayons aujourd'hui de réunir les éléments, il faudra rechercher, soit dans les archives de l'État, soit dans celles des communes qui ont été en relations certaines ou probables avec Toulouse, les documents de provenance toulousaine qui peuvent s'y rencontrer.

L'exemplaire le plus ancien que nous connaissions est un grand sceau, en cire blanche, malheureusement très-mutilé, appendu à un titre de l'année 1299. C'est évidemment le même dont les auteurs de l'*Histoire générale de Languedoc* ont publié, dans leur v^e^ volume, un dessin très-idéalisé et très-inexact, comme toutes les reproductions iconographiques du XVIIIe siècle, le même encore que représente, avec trop de mollesse, une figure du *Trésor de Numismatique et de Glyptique*.

Il offre d'un côté l'Agneau pascal, au nimbe crucifère, portant la croix de Toulouse, de l'autre les deux types de la Cité et du Bourg si religieusement reproduits sur les poids de Toulouse au XIIIe siècle : un château à trois tours et une église. La détermination des deux édifices ne paraît point douteuse. Le château, c'est cette imposante et massive construction contiguë à la porte Narbonnaise, où les rois Goths et les comtes de Toulouse ont précédé les rois de France, édifice d'un âge inconnu, qui résumait et personnifiait si bien la domination dans la cité, que tous les pouvoirs émanés du Roi, la Sénéchaussée, la Viguerie, le Parlement, la Trésorerie se sont tour à tour logés dans ses débris ou dans le rayon de son enceinte, et que l'autorité judiciaire, qui n'a peut-être pas cessé d'être la plus haute expression de la souveraineté, en occupe encore la place. Quant à l'église, le seul aspect de la grande tour octogone à étages rentrants, ajourée de fenêtres cintrées, désigne l'église abbatiale de Saint-Sernin. Cette détermination que l'exactitude relative de la figure rendrait d'ailleurs incontestable, est pleinement confirmée par des titres du XIIIe siècle, où la ville nouvelle, née en dehors de la cité antique, autour des vastes dépendances de l'abbaye, est formellement désignée sous le nom de Bourg de Saint-Sernin, *Burgum Sancti Saturnini* (Cartulaires de l'Hôtel de ville.)

La division des divers quartiers en deux groupes, à l'ombre du château Narbonnais et de l'abbaye et l'antagonisme, perpétué à travers les siècles, de ces deux parties de la ville, symboliquement rassemblées dans le sceau communal sous l'emblème pacificateur de l'Agneau mystique, sont nettement exprimées dans un passage des *Annales manuscrites* de l'Hôtel de ville et dans les *délibérations capitulaires*, où il est dit que les Capitouls, prenant en considération le délaissement et la solitude où se trouvait le Bourg de Saint-Sernin, sacrifié au quartier du Château Narbonnais, avaient décidé, pour ramener la vie dans cette région déshéritée, d'y transférer les siéges du Sénéchal et du Viguier, établis jusqu'à cette époque dans le voisinage du palais.

La légende de notre exemplaire est très-incomplète ; mais on y retrouve quelques syllabes caractéristiques du mot CAPITVLI.

Ce mot de *Capitulum*, qu'un usage plus général a restreint à désigner les assemblées délibérantes des corporations ecclésiastiques, a été fréquemment appliqué aux corporations municipales, ou pour mieux dire, à toutes les réunions d'hommes votant par tête, *per capita*. De nos jours encore, en Espagne, on appelle *capitulos* des conseils de bourgeoisie, et les Hôtels de ville portent le nom de *Casas capitulares*. Le soleil de Toulouse, plus fécond que celui de l'Andalousie, devait donner à ce mot d'étranges et brillantes destinées, sur lesquelles nous aurons bientôt l'occasion de revenir.

Le XIVe siècle n'a pas apporté de modification sensible au type sigillographique de Toulouse. Dans un exemplaire en cire rouge très-mutilé, appendu par un lacs de soie rouge et verte à un vidimus de lettres patentes de l'année 1303, on reconnaît d'un côté les deux édifices et la légende incomplète SVBVRBII, *suburbii*, le bourg, de l'autre, en guise de contre-sceau de très-faible dimension, l'agneau passant dans un cercle à plusieurs lobes. (*Fig.* 30 *et* 31, *pl.* IV.).

Au XVe siècle, le type se complète et se régularise. Le beau modèle de sceau secret dont nous donnons le dessin (*fig.* 33, *pl.* IV), exprime d'une façon définitive les armoiries communales dans leur symbolisme compliqué. L'agneau pascal a pris place au-dessous des deux emblèmes de la cité et du bourg : la croix de Toulouse les domine, inscrite dans un nimbe elliptique, et la longue hampe qui la supporte, et qui jusqu'à ce moment suivait, par une légère inclinaison, l'allure de l'agneau, s'est redressée par nécessité de symétrie, et forme la ligne de partition de l'écu. Au-dessus de cette laborieuse combinaison héraldique, se déploie le ciel fleurdelisé du roi de France. Le champ est un treillis losangé semé de perles. La légende, en capitales gothiques fort élégantes, porte ces mots, tradition fidèle de l'ancienne formule :

Sigillum secretum Capituli urbis et suburbii Tholose.

Un curieux passage des registres de *délibérations capitulaires* nous apprend qu'au XVIe siècle la ville avait encore un grand sceau, et que ses lettres de cérémonie étaient cachetées avec beaucoup de recherche.

Le 30 mai 1547, MM. Arnaud de Saint-Jehan, seigneur de Ségofielle, Jehan Boysson, seigneur de Beauteville, Pierre Ducèdre, licencié, et Daliès, capitouls « délégués devers le Roy pour luy faire la révérence et luy offrir l'obéissance et subjection de Tholose à cause de son nouvel avénement, » furent présentés à François II par le connétable Anne de Montmorency, et en présence de plusieurs princes, cardinaux et autres seigneurs, lui remirent leurs lettres, « encloses dans cire blanche sous le grand scel de la ville. » Le Roi les reçut « de bon cœur, et avant les ouvrir, attendu la forme de la clôture des dites lettres, les monstra publiquement aux princes, cardinaulx et aultres seigneurs, y prenant grand plaisir, et interrogeant les déleguez si la ville avait accoustumé ainsy escripre à ses prédécesseurs, lesquels respondirent que ouy aux Roys et à nostre saint Père le Pape tant seulement, ce que ledit seigneur tourna et réputa à grand magnificence à ladite ville, disant ne y avoir aultre en son royaulme qui usast de telle honneste forme d'escripre. » (Rapport présenté au Consistoire par M. Daliès, un des quatre délégués, le samedi 10 septembre 1547 (*Délibération* II, fol. 90).

Nous ignorons si le grand sceau qui excita ainsi l'admiration de François II était d'ancien ou de nouveau style ; mais, quelques années après, en 1560, nous retrouvons un scel ordinaire de la ville, en forme de cachet de papier, attaché à des lettres de procuration, données par les capitouls le 26 septembre à nobles Jean de Babut, docteur en droit et capitoul, et Anthoine de Ganellon, bourgeois, pour assister à l'assemblée des gens des trois états à Beaucaire (*fig.* 35, *pl.* IV).

Ce scel ordinaire est fort modeste de dimension et de dessin : forme circulaire de 33 millimètres de diamètre, chef à cinq fleurs de lis ; la croix et l'agneau sont absents ou ne peuvent se distinguer ; les deux édifices, d'assez forte proportion, se déforment déjà et s'écartent du type relativement fidèle que nous avons eu occasion de signaler, pour se confondre dans une sorte d'uniformité conventionnelle ; la dégénérescence est surtout sensible dans la figure de l'église ; une corniche horizontale saillante a remplacé, au-dessus des deux portes, qu'un dernier scrupule conserve encore, l'ancien fronton ajouré d'une rose si nettement visible dans le type de 1436.

Mais la grande nouveauté qui resplendit sur notre scel ordinaire, c'est cette légende gravée en capitales romaines entre deux cercles d'une simplicité trompeuse : S. NOBILIS CAPITOLII TOLOSANI.

Pourquoi noble ? Pourquoi capitole ?

Noble, cela se comprend sans peine. Pour qui s'est familiarisé avec la vie intime et latente du corps capitulaire, il n'est pas difficile de voir se développer à Toulouse, cette prétention à la noblesse personnelle qui devint l'attrait le plus puissant pour les compétiteurs aux charges municipales ; et, chose étrange, ce furent deux prérogatives destructives de la noblesse qui servirent de prétexte à cette gentilhommerie. La première, le droit qu'avaient les roturiers Toulousains, comme habitants de Languedoc, de posséder indistinctement des fiefs nobles ; mesure essentiellement anti-féodale, puisqu'elle détachait la noblesse de la terre, et au lieu d'immobiliser l'hérédité guerrière du fief dans une caste privilégiée, la rendait accessible à toutes gens de métier et de négoce ; la seconde, c'est le privilége dont jouissaient les tenanciers de fiefs nobles habitant Toulouse, d'être dispensés du service militaire, au ban et arrière-ban, à condition de former une sorte de garde nationale de réserve ; privilége qui valut aux capitouls la joie intime et délicate de se faire rendre des dénombrements par devant eux-mêmes, et de passer, dans le pâtus de la Maison de ville, la revue des nobles tenant fiefs ; sorte de parade inoffensive qui ne dispensait pas de la montre plus régulière et plus sérieuse sous les yeux du sénéchal.

Voilà pour la Noblesse. Reste le Capitole. Ici, la réponse est plus simple et plus facile encore. Catel, Dom Vaissette l'ont faite avant nous : le Capitole est un jeu de mots qui a réussi.

Jusqu'au XVIe siècle, Toulouse n'a guère connu que deux langues : une langue officielle, le latin ; une langue familière, le roman. Les délibérations, les contrats importants s'écrivaient en latin ; les comptes, les mandats, les rôles d'impositions se rédigeaient en roman. En roman, les *domini de Capitulo* des actes latins s'appelaient *los senhors de Capitol;* ce que l'on traduisit plus tard en français, dans ce français mitigé de roman dont les bords de la Garonne gardent encore de lointaines réminiscences, par cette étrange expression : « Nosseigneurs de Capitoul. » Quand la faveur revint aux lettres antiques, le corps municipal, influencé par quelque savant, répudia la tradition séculaire qui l'assimilait à une réunion de chanoines. Le mot *capitol,* qui dans le roman du XVI siècle n'avait pas cessé de signifier chapitre, chapitre d'église, *capitol de sant Serni,* et chapitre de livre, *taula per trobar los capitols,* subit une légère transformation, et, sur cette base fragile, l'érudition pompeuse de la renaissance toulousaine édifia le deuxième temple de Jupiter Capitolin.

Ce n'est pas en vain que le souffle de l'Italie éveillant d'ardeurs inconnues la vieille ville théologique, était venue gonfler tant de corps de sirènes, tresser tant de barbes de termes et rouler tant de volutes d'acanthe sous le ciseau d'une nouvelle école de sculpteurs ; ce n'est pas en vain que, dans les rues populeuses de las Leys, des Cerviniers, des Argentiers, les échoppes des libraires faisaient reluire à tous les yeux les exemplaires rajeunis de Sénèque et de Cicéron. La passion de romanisme, qui agite et envahit tout, dénature à plaisir les plus solides traditions locales. Le même courant d'idées qui vint accréditer à Toulouse tant de fables étranges, qui enterra l'empereur Théodose à la Daurade, qui transforma un faubourg, abrité sous le nom d'un saint évêque, en faubourg d'Insubres, *Insubrianum suburbium*, les jovialités bourgeoises du Gai savoir en Jeux Floraux, fondés *ex testamento... fiscus vindicet...* dans toutes les formes de la plus classique épigraphie; l'esprit qui changea les conseillers du Parlement en sénateurs, *patres*, métamorphose à leur tour les chefs de la commune en *octovirs*, *octoviri Capitolini* et leur chapitre séculaire en Capitole. C'est le moment où les Annales manuscrites de l'Hôtel de ville, jusque-là si austères, si précises, si curieuses, s'emportent tout à coup d'une débauche d'éloquence, et nous laissent lire, par exemple, pour n'en citer qu'un trait entre mille, cette définition du bon capitoul.

« Si un second Apelles vouloit peindre apres le vif l'imaige d'ung bon capitol et administrateur de république, il seroit besoing luy metre au-devant trois personnages : à savoir est Argus le vachier, Ulysses roy d'Ithaque et Nestor roy de Pile; car pour peindre le bon capitol, il prendrait les yeux d'Argus, les oreilles d'Ulysses et la contenance et majesté de Nestor, et mettant ces trois ensemble, il peindrait parfaitement l'imaige du vray capitol. » (*Annales mss*, II, p. 51.) Ce passage, est de Laperrière, l'historien des comtes de Foix.

Voilà dans quel milieu d'idées et d'images est né le Capitole toulousain. Je ne conteste pas que sous la domination romaine il ait pu exister à Toulouse un édifice de ce nom, comme à Cologne, à Trèves, à Reims, à Autun, à Clermont, à Besançon, à Saintes, à Nîmes, à Narbonne. Quelques actes et légendes de sainteté semblent l'indiquer, en admettant toutefois qu'il y faille donner à ce mot un autre sens qu'un sens littéraire, comme dans ce passage où la citadelle de Babylone est appelée Capitole (du Cange). Mais ce qui est certain, ce qui est démontré par le témoignage constant et multiplié de tous les documents sérieux, c'est qu'aucun lien, plus solide qu'une fortuite consonnance de syllabes, ne rattache le chapitre communal au Capitole romain.

Nous ne savons par quelle fortune ce mensonge vaniteux prit place sur cette chose respectable et grave qu'on appelle un sceau de commune; car nous devons dire, pour être juste, qu'au moment même de la plus grande effervescence classique, il ne put obtenir droit de cité dans les actes officiels du consistoire. Le corps municipal du XVIe siècle n'a pas daté du Capitole un seul titre émané de son autorité. Il écrit simplement selon la formule traditionnelle: « Fait en la maison commune; Donné au consistoire de la maison de ville. » Au XVIIe siècle, on date de l'Hôtel de ville, style qui se perpétue invariablement jusqu'à la révolution. Le gouvernement républicain remet en faveur, pendant quelques années, la vieille et nationale expression de Maison commune, bientôt transformée en Capitole sous l'influence de l'école de David.

Pour en revenir à notre scel ordinaire, que cette digression ne doit pas nous faire oublier, je me contenterai de transcrire un passage des comptes de 1535, qui montre que la ville avait adopté l'usage de l'affermer annuellement.

« Le denier et émolument provenant du scel de la court ordinaire des capitouls est de leur juridiction de toute ancienneté, avant la création de la comté de Toulouse et durant le temps d'icelle et de telle autre ancienneté que n'est mémoire du contraire; lequel émolument fut mis à ferme publique pour un an, commençant le 13 décembre 1535, et délivré au plus offrant pour le prix de 95 livres. »

Il n'y a d'autre détail à signaler dans le cachet ovale de 1670, par lequel se termine notre série (*fig.* 36, *pl.* IV), que la complète dépravation du type, où les deux édifices ont perdu toute signification et présentent l'uniformité la plus absolue: l'agneau pascal n'a plus de nimbe, comme la croix; le chef, de proportions exagérées, contient douze fleurs de lis. Je n'ai pas besoin d'ajouter que la malencontreuse légende s'y lit encore; elle n'a pas quitté le sceau de la ville jusqu'à nos jours.

Toulouse, Impr. DOULADOURE; ROUGET FRÈRES ET DELAHAUT, succ[rs], rue St-Rome, 39.

1.

Roschach del

PL . 1.

3.

4.

Lith. Delor Toulouse.

5.

6.

9.

7.

8.

11.

10.

12.

Roschach. del.

13.

14.

15.

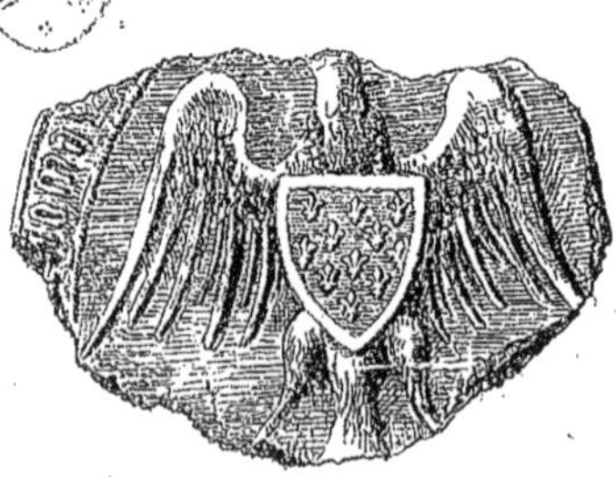

Lith. Delor. Toulouse.

16.

17.

18.

20.

Roschach. del.

PL. III.

19.

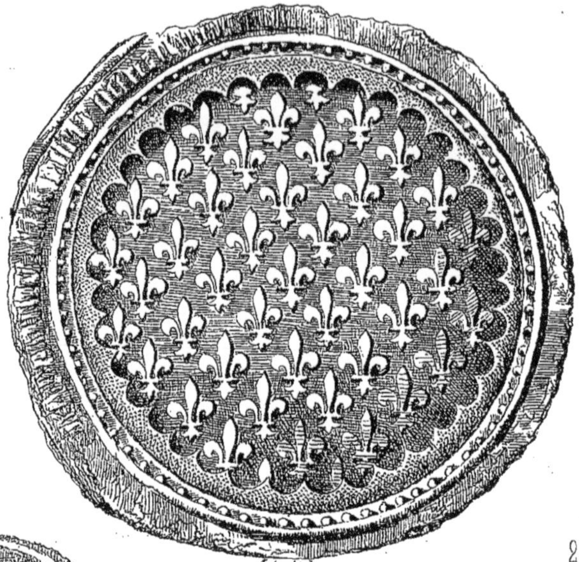

21.

23.

22.

Lith. Delor, Toulouse.

26.

27.

24.

25.

28.

Roschach. del.

30.

29.

31.

32

33.

36.

34.

35.

Lith Delor

www.ingramcontent.com/pod-product-compliance
Ingram Content Group UK Ltd.
Pitfield, Milton Keynes, MK11 3LW, UK
UKHW032012260826
14628UKWH00005B/2454

9 782013 383288